BARTOLOMEO, THEO DI GIOVANNI
THEO JOHN, SCALZO 44

ALEXANDER
UND
DEDALUS

PlaceBook
Publishing

Autore: Bartolomeo, Theo Di Giovanni
Titolo: Alexander und Dedalus
Edizione 2020
Collana: GLI IPPOCAMPI
Edito da: Amazon EU per Placebook Publishing & Writer Agency Srls
Digital designer copertina: Fabio Pedrazzi
Progetto grafico: Placebook Publishing & Writer Agency Srls
Foto di copertina: Lo scalzo44 di Marco Raimondi

Introduzione dell'Autore

Si giunge sempre ad una nuova meta, pur rimanendo sé stessi, ci accorgiamo della bellezza della evoluzione dell'animo umano, non dobbiamo però cadere nella trappola del linguaggio contemporaneo, che ha alterato il contenuto della crescita interiore, creando sempre più scissioni, e sempre meno aggregazioni affettive; evolvere non significa tralasciare tutto ciò si è compiuto in precedenza e demolire la fatica e l'energia che abbiamo speso.

Siamo nell'epoca di nuove metodologie spiritualistiche che esortano a "Lasciar andare il passato", a "vivere il presente" e non pensare al futuro, quindi alla demonizzazione dello spazio-tempo, ma l'uomo per sperimentare necessita, appunto, di spazio e tempo, senza i quali non potrebbe sussistere neanche lui, accostare ideologie e culture di un tempo, lascia un varco aperto alla contraddizione, se da un lato il passato deve essere lasciato andare, perché mai dovrei imparare da questo? Se non devo pensare al futuro, a cosa serve il pensiero, il sogno, l'immaginazione e la creatività?
L'uomo spirituale lo è, e basta, non ha alcun motivo di spiegare ciò che vive nella sua anima.

Una volta provai a chiedere ad un sedicente guru, se avesse abbastanza coraggio di lasciare tutto e andare verso destinazioni ignote, la risposta mi convinse che era inutile continuare a porgli domande, infatti mi elencò tutta una serie di scusanti che lo impedivano a realizzare il suo sogno.

E allora perché dovrebbe farlo un discepolo?

Ho voluto esporre quanto sopra, perché ogni giorno mi accorgo che il DIALOGO, ha finito di esistere, e che ognuno si erge come leader di un "branco" in modo che si possa sentire autorizzato, attraverso l'alibi "fede", di poter manipolare la vita degli altri esseri.

Ogni uomo fa un percorso, dal più doloroso al più gioioso, c'è chi ha sofferto poco, c'è chi ha avuto un vissuto più pesante, io non mi sono mai sentito di porre elementi giudicanti, anzi ho sempre apprezzato ed ammirato coloro che dai loro dolori sono riusciti a vivere, ed essere grandi esempi per chi, non ha mai conosciuto né l'amore, né il dolore.

L'amore, è tale, se nasce da ferite profonde, solo chi ha veramente sperimentato il dolore, non ha vergogna di dichiarare al mondo un difficile vissuto, che lo ha condotto alla forma più autentica della vita, non ho mai compreso perché chi giudica sono sempre coloro che hanno avuto tutto semplificato, che hanno dovuto sudare poco, e non sacrificarsi addirittura, io mi sarei aspettato, proprio da questi, assoluto rispetto.

In questi ultimi decenni si è abusato della parola Karma, ho spesso sentito cadere su di me l'accusa di avere un Karma negativo a causa di forti esperienze vissute, e che quindi non ero degno di entrare in certi contesti. L'atto sacrificale, per me, invece, è stato molto importante e soprattutto formativo.

Sylvain Lévi, orientalista e filologo francese ha espresso un concetto molto importante, ovvero:

*«La grande arte sta nel conoscere le misteriose leggi di
causalità che reggono i fenomeni del sacrificio»*

e possiamo aggiungere: l'umanità ha compreso i feno-
meni del sacrificio, ovvero, di poter sacralizzare ogni
propria azione?

Non lo so, penso che la parola Sacrificio faccia pau-
ra, ma si arriva ad un certo punto che ogni sacrificio
non è invano, distanziarsi, ma ahimè, per parecchi
anni sono stato inserito in un contesto che il fare non
era successivo al dire, ad un dire sempre più a bassa
voce, sempre più di nascosto in modo che la gente
non potesse capire lo stato d'animo.
Combattevo per la coerenza, ma ho compreso che è
meglio lasciare dire le cose alle parole scritte, e acco-
gliere sempre più il silenzio, attorno a me c'è una re-
altà con cui devo interagire, confrontarmi, non esiste
solamente il mio universo, il mondo esiste perché ha
un senso, ed io lo ho ritrovato nei momenti di grande
smarrimento, non con me stesso, ma con le vicende
che senza scegliere, avevo dovuto vivere forzatamen-
te, ecco il dolore, le ferite; mi ero ritrovato in luoghi
dove non sentivo l'appartenenza.
Un giorno mi fu detto da due persone, "Ti auguro di
ritrovare te stesso", questa frase non la ho mai ca-
pita, non ho compreso il senso del messaggio, ma è
stato come ricevere una coltellata a sangue freddo,
sì perché io ero smarrito, io non sapevo cosa voles-
si dalla vita (sempre secondo la loro opinione), oggi
mi chiedo: "Come può una persona con la quale hai
condiviso quasi un decennio, trattarti come uno sco-

nosciuto"? E non solo, da che ero la persona migliore sono diventato il peggiore degli umani.

Ho compreso ed ho saputo, che questa gente, non solo non ha mai capito chi fossi, ma ha sempre usato le persone e poi gettate quando non gli servivano più. È quella gente che finge di avere fiducia nella vita, ma dentro di loro vivono dei drammi sin dall'infanzia, il caro Mario, ha subito qualcosa di molto forte, da cui, probabilmente non ne è ancora libero, questo ha causato in me forte dispiacere, non solo provavo grande sentimento, ma sentivo di doverlo proteggere da eventuali altri lupi, a cui si era sempre concesso. Purtroppo alcuni soggetti passano dallo stato di vittimismo a carnefici, non capivo perché non riuscivo a staccarmi, spesso volevo andare via, ma il sentimento (non l'attaccamento) mi faceva restare.

Avevo perso la totale fiducia, non avrei più voluto provare amore per un altro essere, primo perché la nostra "società", è centrata sull'eros mordi e fuggi, non ha volontà di impegnarsi per qualcosa di serio e duraturo, e se caso mai accadesse, devi fare i conti con tradimenti e compromessi.

Penso di non aver mai creduto al caso. Cercai in tutti i modi di depurarmi dalla tossicità di emozioni forti, che a poco a poco stavano debellando il mio corpo, un giorno, guardando il cielo, e grazie alle parole di mio fratello Rosario, dissi: "Eccomi Dio, accetto questo percorso come lezione di vita, mi soffermerò e parlerò con i miei lati ombra, aiutami a riaccendere quella luce che mi hai donato fin dalla nascita, e non permettere mai più che altri possano decidere per la mia vita". In un secondo momento ho capito che tutti siamo dei veicoli dell'anima universale, siamo il sogno del Divino, siamo il prezioso dono dell'universo, siamo tanti, ma tutti una cosa sola.

Iniziai ad intraprendere nuovi dialoghi, nuove amicizie, più volte cadevo nell'errore di raccontare le mie vicende, e tante furono le volte che mi sentii rispondere allo stesso modo, era oramai tempo di chiudere ogni forma di dialogo con chi voleva assolutamente la supremazia della propria ragione sul momento che stavo vivendo.

Molte volte mi proiettavo dove avevo vissuto e sentivo una nostalgia feroce, la distanza era troppa e non potevo difendermi direttamente con il mio viso, utilizzavo altri mezzi che esulavano il mio intuito, e quindi continuavo a sbagliare, in certi momenti bisogna saper sopportare e tacere, ma il dolore, che si riversava anche fisicamente, era devastante.

Sapevo, e poi ebbi conferma, che ero l'imputato assente, i vigliacchi parlavano in mia assenza, formulando ogni tipo di diagnosi.

Una sera mentre stavo navigando su Facebook, mi colpì una foto di un ragazzo, con cui avevamo un amico in comune, non esitai a chiedergli l'amicizia, che fu accettata qualche minuto dopo, conversammo in chat, ma sentivo una sorta di pace, di gioia, sensazione che da mesi non provavo, ci scambiammo i numeri, dopo un po' ci ritrovammo a conversare, e da quel giorno, iniziai a scrivere in modo più intenso, dedicandogli qualche mio componimento.

Alessandro Casadei, una anima vera, nato a Cesena, iniziammo a sentirci spesso, mi ringraziava sempre, ma io rispondevo che la gratitudine era verso la sua anima, che ogni giorno mi dettava parole.

Il 3 Settembre 2018, di ritorno da un convegno, tenutosi a Como, dove presenziai con i miei componimenti, decisi di fermarmi per due giorni a Bologna, e così gli consegnai tutti gli abbracci che avevo custodito con cura. Alessandro, fu quel filo pregiato che inseritosi nella cruna dei miei pensieri, riuscì a ricucire le mie dolenti ferite.

Sono davvero grato alla vita, perché sono poche le anime belle, prive da ogni pregiudizio, e soprattutto che hanno una visione del mondo non comune, potevamo parlare di tutto, anche degli gnomi, di alberi magici, di foreste incantate, un dialogo che continua ancora oggi, e nonostante qualche dissapore, cerchiamo sempre di accendere il lato ombroso della vita. Molti mi hanno chiesto, chi è Alessandro? Cosa siete? Alessandro è l'amico di sempre, sarà parte della mia vita, e siamo semplicemente due spiriti affini, che abbiamo vissuto vicende comuni, ed i nostri occhi si incrociano e osservano sempre più indifferenza.

Nel 2018, rientrai a Napoli, esattamente dopo tre anni e diciotto giorni, altre esperienze forti erano arrivate per misurare il mio stato di crescita e soprattutto, se fossi veramente in grado di accendere la silenziosità invece che parole di esuberanza, piano piano ho visitato gli stessi luoghi da dove ero andato via, c'erano giorni che il silenzio era così presente che non rivolgevo neanche il buongiorno a me stesso, ho vissuto con una sacralità religiosa quei momenti che erano diventati la mia chiesa.

Cominciai a conoscere nuove persone, ma ascoltavo l'intuito, spesso messo da parte, quindi se c'era qualcosa che non mi faceva sentire a mio agio, mi allontanavo senza proferire parola, qualcuno ricamava sulla mia persona, ma sapevo che prima o poi, ogni giudizio sarebbe tornato al mittente.

Il ritorno a Napoli fu come un vaccino, finalmente avevo fatto chiarezza su di me, tutto il resto ormai non era importante, camminavo tantissimo a piedi, respiravo la sensazione della beata libertà, altra grande esperienza che non ho potuto rimandare fu, il dovermi abituare all'idea di stare da solo in una casa.

La prima notte pensai fosse drammatica, invece non fu così, anzi più passavano i giorni e più amavo stare da solo.

La prima notte la mia amica Gioconda Oliano, e Patrizia Lova, mi inviarono un messaggio, dicendomi che avrebbero tenuto il telefono acceso tutta la notte e se avessi avuto bisogno loro c'erano, lo stesso fece la mia Amica-Anima Giovanna Fasano, quindi mi sentii Dante con "Tre donne intorno al cor..." (e quando ci penso, sorrido sempre). Tirando la somma, con il passare del tempo ero sempre più consapevole che la mia esperienza terrena aveva cambiato percorso.

Oggi ho tanta gratitudine alla vita, al cosmo, per avermi tolto dove non potevo stare, dove ogni mia opinione veniva subito demolita, ogni mio pensiero criticato, fu così che iniziai ad assecondarli, ad inventare pensieri che non mi appartenevano, ma dentro me covavo l'idea di fuggire, ma chi subisce violenze psicologiche non riesce a prendere una decisione, ero come se fossi psichicamente legato, su di me la loro logica aveva effetto, nel senso che: se piangevo perché ricevevo delle azioni non corrette, mi si ripeteva: "Ma è possibile che tutti con te si comportino allo stesso modo? Sarà tuo il problema", sicuramente il problema stava nel non sapermi amare, dalla mia posizione fisica si poteva leggere benissimo che ero un arreso, un impaurito, terrorizzato, sempre testa china e spalle curve...

Oggi quella esortazione a ritrovare me stesso, ogni tanto fa male...Si, si, dovevo ritrovarmi, ma solamente quando avrei chiuso ogni rapporto, dovevo ritrovarmi eliminando prima di tutto il putridume che mi avevano messo in testa, io mi consideravo meno del nulla, pensavo sempre che la mia vita non valesse niente, eppure di amore ne ho donato tantissimo.

La mia amica Giovanna Fasano, non si scostò mai da me, né io da lei, ed oggi ci guardiamo e pensando al trascorso, riflettiamo, e così nascono sempre nuove idee. Il 22 Marzo, un normale pomeriggio, conobbi Dedalus (Tommaso) - Dedalus, perché ama il personaggio di Joyce - ricordo che al telefono mi disse di essere goloso di cioccolato fondente, e senza esitare dissi: "Ti vengo a prendere!".

Rispose di si alla mia avventata richiesta, comprai una tavoletta di fondente e andai. Oggi, sono passati quasi due anni, trascorriamo delle sere a leggere e commentare a scriverci epistole, con carta e penna, tralasciando la fugacità dei messaggi, ci ritroviamo a sentire emozioni che si imprimono nel foglio.

Nel frattempo ho conosciuto altre anime con le quali la sintonia è sempre più forte, con qualcuna siamo amici-fratelli da un decennio.

E poi, arrivavano sempre con costanza frasi come queste:

"Tra i poeti contemporanei pochi riescono davvero a fare poesia, solitamente sono pensierini messi in colonna. La poesia per come la intendo io dev'essere evocativa, metaforica...e la tua poesia ne rispecchia le qualità". (Dea Airam)

"Buon giorno fratello. La tua poetica è uno stato di grazia dove ci può rifugiare per vivere il sollievo del mondo". (Ros Carrino)

"Non mi sono sbagliata quando ti ho invitato a non mollare. Sono un'istintiva ed il mio intuito non mi ha mai tradito. Credo nella tua poesia.
Ci credevo da prima di conoscerti un po' meglio e da prima di vederti in faccia. Mi ha parlato la tua poesia. Non mi deludere vai avanti con orgoglio". (Anna Ugolini)

Ammetto che non mi amavo molto, la mia autostima era calpestata, ho impiegato tempo per capire che sono una persona e non un burattino.

Bartolomeo Di Giovanni

Vorrei ubriacarmi di te

Vorrei ubriacarmi di te
con vino rosso sceso
sul palmo delle mani
alla mia fronte.
Mi ubriaco di te
vino di mistici calici
che ossida arguti occhi.
Sono ubriaco di te
di sangue rosso
una tinta a getto
dentro le mie vene.
Il vetro di un bicchiere
recide la distanza,
in acqua e carne
di sangue e vino.
Divino è amarti.

QUISIERA EMBRIAGARME DE TI

Quisiera embriagarme de ti,
con vino tinto que desciende
de tu frente a las palmas de tus manos.
Me embriago de ti
un vino que ha quebrado cálices
y oxidado agudos ojos.
Estoy ebrio de ti
de sangre rojo
una tinta que brota
adentro de mis venas.
Con el vidrio de una copa
cierno la distancia
en agua y carne
de sangre y vino.
Divino es amarte.

L'ASSURDO CASO DI UNO SCHELETRO CHE NON VUOLE TORNARE A VIVERE (NON TROPPO ASSURDO)

Un morto mi saluta
mi tende l'ossuta mano,
Leggi il destino!
Mi dice con voce tremante.
Ci accordiamo
per il prezzo.
Solo una falange!
Inizio il vaticinio:
non avrai lunga eternità,
Vivrai presto.
Il suo grido squarciò
le fette d'atmosfera.
Io voglio morire ancora,
ripeteva a voce stridula,
dopo questa morte
non so che cosa c'è.
Risposi:
Dopo la morte
c'è vita
non duolerti
goditi la breve tomba.
Mi disse ancora:
ho belle ossa,
non voglio perderle
diventando un amorfo
pezzo di carne.
Quel travestimento
è troppo trash.
Ridemmo.

EL CASO ABSURDO DE UN ESQUELETO QUE NO QUIERE VOLVER A LA VIDA (NI TAN ABSURDO)

Un muerto me saluda
me extiende su mano huesuda,
¡Lee el destino!
Me dice con voz temblorosa.
Acordamos
el precio.
¡Sólo una falange!
Comienzo el vaticinio:
No tendrás larga eternidad.
Vivirás pronto. Su grito desgarró
las franjas de atmosfera.
Yo quiero morir todavía,
porque después de esta muerte
no sé qué hay más allá.
Respondí:
después de la muerte
hay vida.
No te aflijas
disfruta tu breve tumba.
Me siguió diciendo:
tengo lindos huesos,
no quiero perderlos,
volviéndome un amorfo
trozo de carne.
Ese atuendo
es bastante trash.
Reímos

ALEXANDER

Perché sei briciola
di pietra che diventa
scultura di vento.
Tu, si tu, l'immagine
di due mari incontranti
che divengono nuvole
colorate di sole.
Non c'è nessun dire
le azioni si levigano,
cammino di neuroni
sul mistero di Dio.

ALEXANDER (2)

E saremo nudi
con l'anima bagnata
dal fuoco della vita.
Verrò a prenderti
senza far cenno
di rumore sanguineo.
Andremo lì dove siamo
senza catene, senza scudi.
Abiteremo lì, dove è vita,
sotto quel tetto
dei nostri sorrisi.
Usciremo a parlare
con ogni stella
mano nella mano.

Simone Casadei

La tua anima scivola
sulle dita inquiete, nostalgiche.
Poggio
l'opera lignea dove la memoria
si incide sui sassi
che raccontano gli anni
passati in fretta.
Ma c'è la musica
il miracolo del pane
che sorge in cielo
così dalla terra.
C'è la musica
un apostolo conferma
l'amen delle ore.

ALMA (SIMONE CASADEI)

*Tu alma se desliza
por los dedos inquietos
y nostálgicos.
Poso la obra lignaria
justo en donde la memoria
repercute en las piedras
que cuentan los años
pasados a prisa.
Pero hay música
el milagro del pan
que surge en el cielo
como de la tierra.
Hay música
un apóstol confirma
el amén de las horas.*

DOPPIA PROTASI, ERMENEUTICA DEL 2 NOVEMBRE

Quattro mani oggi sull'affresco marmoreo.
Quattro stagioni del venire sul patto con belzebù.
Demone e santità
nell'urna urinano
il dovere del 2 novembre
si fece gemellare sul mondo
dualistico, sul ventre del santo
il demone si lascia sodomizzare in allegria.
Sgocciola la sinderesi
su caldi petali baccanali,
la vedova ed il vedovo
lustrano foto in erezione,
gli artefici son quasi moribondi.

Doble prótasis, hermenéutica del 2 de novembre

Cuatro manos hoy sobre el afresco
Marmóreo.
Cuatro estaciones de venir sobre el
pactò con Belcebú.
Demonio y santidad
en la urna orinan
el deber del 2 de noviembre
y se hizo gemelar en el mundo
dualístico y en el vientre del santo
el demonio se deja
sodomizar en alegría.
Gotea la sindéresis
en calientes pétalos bacanales,
la viuda y el viudo
lustran fotos en erección,
los artificios son casi moribundos.

ALEXANDER (3)

Passeremo ancora
su quel muretto
rovisteremo tra i fori
delle pietre di tufo.
Leggeremo pagine
di teologia del legame.
Forse non capiranno nulla
e getteremo tra il volo
di gabbiani, tutti i fogli.
Passeggeremo in silenzio
mano nella mano.
Forse non capiremo
della filosofia della corda,
Tra antinomie passeggere
e tautologie, noi indifferenti
ritrovati dal non tempo.

DOMANDARSI

Domandarsi
che succede stasera?
Gli alambicchi sono asciutti,
le gocce sono solide e salate,
cosa succederà ancora al vespro?
La colata ribolle cosciente
l'incosciente sposa la viltà.
Sarà ancora la festa della zucca?
Tra la morale e l'immortalità
l'etica assonante si smarrisce,
le vocali rintuonano lo stupore.
Dire "ormai" è ancora presto,
succede, forse, quando è tardi.

BOLOGNA

Parole orfane cercano
il principio del significato
ritrovo la genitura
nel nostro bacio.

ANAGRAMMA BACCANTE

Vidi rive d'orfi fuori i fiori,
ridi,
fuori i fori vie di oro.

IMMAGINI

Davanti l'immagine
sculture di cellule,
ricordi fusi a piombo,
spiegare ai vermi di cadaveri,
del volo delle farfalle?
Quale linguaggio osare?
Fingi di sapere della memoria
che svanisce
di aver appreso
l'arte del tombarolo,
dell'esorcista che schiaccia
aglio per anime dannate.
Fingi di aver sconfitto tutto
di aver posto la maledetta
"pietra sopra":
deplorevole frase.
(Che ridere...la pietra sopra).
Ed io dovrei dimenticare
la dovizia dell'Amore,
s-cordare gli accordi
tra l'anima ed il corpo?
Ecco, quella è la strada,
uscite dalla fessura.
Dal diaframma al piloro
non c'è più spazio.
Ogni tanto duole.

Et Verbum caro factum est

Sì fa passo ombrato
l'acqua marina
indossata sugli occhi.
è l'ora del cogitare,
la nozione del giorno
è vertigine notturna
moto terrestre uniforme
sopra spazi trasparenti,
voci biforme di anfore,
suonano nel reliquiario.
Siamo santi a colazione,
demiurghi all'angelus
e peccatori la notte.
La mia notte è il giorno,
la lascio ai demoni la santità.

Entrare

Amo le chiavi
anche quelle sdentate
passate da molte serrature.
Amo le chiavi scolorite
che raccontano d'arrivi
in stanze di nostalgia.
La chiave è la metrica
del destino.
In ritmo d'Amore
ancora chiuso.
La chiave
la mano,
e la canzone di un bacio,
sfiorAMI
apriAMO
l'Anima.

ALEXANDER (4)

Guarda gli avambracci
sembrano quattro colonne
sorrette dalle braccia
ed i polpastrelli
dal petto alle spalle
lasciano le note
per il preludio
che apre la scena.
Inizia un abbraccio
si infittisce il corpo
di intime emozioni
l'eternità inebria
il respiro sempre
più bollente, e
soffia da anima ad anima.
La legge è dichiarata,
come possiamo fuggirne?
Forse non ho scampo.
Sono già in Amore.

Libera Follia (18)

Tracce di filo spinato vestono
il mio spirito e mi avvinghiano
sul muro apocalittico.
Nudo davanti l'inquisitoria libertà,
seppur oltraggiata, mi concede
mezzo perdono e dalle sue mani una maschera
è dono al mio viso, spalancate le porte
del tribunale la tiro contro una folla
nefasta, da cui provengono pietre e spine.
Non sono ferito…
I figli della follia
sono sacri agli dei.

Gesù

Mi sono aggrappato
al tuo petto e ti ho spezzato una costola,
c'era un lembo di carne e la ho rosicata
come un lupo famelico.
Volevo divorare il tuo DNA
dov'è trascritto il mistero del padre,
le tue cellule sono fedeli al segreto.
Prepotente la mente s'affida ai suoi dubbi
scheggiata l'anima di insoluti "perché".

ALEXANDER (5)

Applausi di Onde
al gorgheggio della battigia,
spiaggia solitaria, cielo grigio-azzurro
danza di nuvole imponenti...
Ineccepibile meteorologia
invernale...
Un privilegio che mi ha fatto
sognare...

PHILOSOPHIA

E poi invecchierò ancora
trafugando tra i giovani
sogni di ogni notte.
Li porterò fino ad altri
domani aggiunti ai ricordi,
invecchierò con l'itinerarium
mentis in Deum, una architettura
ancora incompresa dalla sudicia
morale avvizzita dalla incoerenza.
Invecchierò con la mappa
del saggio Bonaventura,
non posso invecchiare
senza la mia pelle devota
abbracciata a brividi mediani,
dove corpo e anima si amano.

La regina dell'Andhra Pradesh

Nei tuoi occhi puniti
c'era scritto il vangelo del nostro
miracolo ma nefaste profezie
sollecitavano un mostruoso vaticinio.
Rimanemmo soli, io e te, a guardare
l'empietà dei suoi alacri movimenti.
E dopo, quei servi ci vennero incontro
per ricevere la nostra comunione
antidoto del veleno della regina
dell'Andhra Pradesh che aveva riposto
in un vecchio mandala.

Il mio armadio
(A Nino Velotti)

Amo conquistare il mio armadio
disordinato e senza tempo,
colonizzato da ogni razza di acari.
Amo il mio armadio senza stile
che racconta tante storie,
foulard che profumano d'arpege
magliette stropicciate, pantaloni senza riga
sacchi e sacchettini colmi d'ogni bancarella.
Amo quest'armadio colmo di roba dell'usato.
Non faccio differenza tra una giacca ed un pigiama.
Che meraviglia ogni mattina, una vittoria per me
trovare una camicia anche quadrettata.

ALEXANDER (6)

Ti saluto con salgemma di luna
che si assapora dalla bocca,
ti cedo parte di anima
spaccata come vetro
di antico cristallo,
cucita da un mistico filo.
Tieniti tra le mie braccia
sarò soffice parola imperativa
dove potrai leggere
la storia di una vita.
Ecco, i toni di una musica
sinergica, sventolata
senza scandali.

EDITH

Edith
voce compagna di un cammino,
ti ascolto e mi conduci nel tuo tempo
vagando sotto il ponte di Bercy.
Edith spartito senza fine.

Dio

Dio
iterati i miei fogli,
ostinati, quasi ossessivi
raccontano di una antica prigione,
cosa c'è oltre il dolore?
L'uomo è stanco di vane
giaculatorie che promettono
vicine epifanie.
Dio, Dio e ancora Dio
dove ti nascondi?

In sogno

Tenga, m'ha detto
poggiandomi tre rose sulle mani.
Le spine sfioravano la carne,
Terra Santa annullava
ogni debole precipizio.

COSTRUISCI LA MIA FEDE

Raccontami una novella d'amore
scritta a Tarso o Antiochia.
Rovistando nei sensi
le parole trovano la calce
dalla mia incertezza, prendila e costruisci
la fortezza attorno alla mia fede,
perché ci sia posto per Dio.

Storia di una violenza
(a M.I.)

Mentre Gea guardava la sua preda
il "caro" Tano trafugava tra la maglia
del piccolo, indifeso e arreso Mariolino.
Fu così per anni, e anche
la notte di Natale.
Mariolino teneva per se il segreto,
due casi celati: lo schizofrenico
e l'abusato…
Nessuno saprà,
o solamente, fino a quando
vorrà Dio.

SULLA NAVE PER NAPOLI

Abbiamo schiaffeggiato l'eterno,
tra il rigoglio famelico
fummo luce corrosiva,
non avevamo porte dialogiche,
avveniva tutto dagli occhi
che spianavano il letto
con il loro bagliore.
Vorrei vederti, chiederti
perché leccando le tue ciglia
rapinando il sapore
della verità mai detta.
Io e te figli
di un altro DIO.
La misericordia
ha voluto ammazzare
l'espressione corporea
della metafisica.
Abbiamo schiaffeggiato
Dio vero in Dio vero.

Il sadico e carnefice

Archivio lenti infrarosse
decurtate agli imprenditori
di sinonimi e contrari
di vocaboli della mandragora.
Si parla troppo senza promemoria,
i punti di sospensione utili,
sono nemmeno tra gli scaffali
di modelli del vintage.
Ho indossato quelle lenti,
mi accorsi che infrarossi
erano gli occhi deturpati
da chi desidera offrire
tisane dal gusto letale.
Sì, ho indossato ancora
quelle lenti per nascondere
le tracce di chi li aveva
ostentate per celare
denti allargati,
sadici e carnefici.

Il mio lessico

Il mio lessico
non è difficile,
è una strada
a più tornanti,
un percorso
d'alberi in fioritura,
la vista
si
dilata
di pochi
centimetri,
la cima è
la sorpresa inattesa,
improvvisa si rivela,
l'ematopoien
è rivelazione
dell'etere nel derma.

INNAMORATI

Vai da dove sei
perché tu possa tornare,
fuggi da lì e perditi
ritrovati in quella direzione.
Non dire di no all'anima,
siamo bravi locutori
senza retorica e razionali
in assenza di forme logiche.
Cammina a piedi scalzi,
indossa gli abiti più strani,
cingi la testa con un foulard,
cospargiti di profumi dirompenti,
e se la gente si gira e sorride,
sorridi anche tu, sorridi e sorridi,
chi è più pazzo, un matto
tracciato ad inchiostro, o un folle,
scritto a matita che sa cancellarsi
e disegnare la mappa del ritorno?
Tornare, andare, e tornare
per abbracciarsi ancora.
Provateci.

Al mio amico Ebreo

Ebreo senza calice,
vino disperso dal Sinai a Babilonia.
Ebreo senza redenzione,
quale peccato devi espiare?
T'hanno chiamato trafugatore di terre
e costruttore di sinagoghe senza tetto
tu sei ancora l'Ebreo,
ma io e te ci siamo riconosciuti,
io e te fratelli.

TUNICHE D'AMORE

Datemi un pezzo di legno
farò un palcoscenico,
declamerò il sogno di un Amore.
Datemi un foglio di carta
scriverò la più bella commedia vivente.
Datemi una mano dove poter poggiare
le mie braccia tremanti.
No, non datemi nulla,
mi sono accorto di avere due mani
e che le mie gambe,
tremule come petali di gelsomino,
possono ancora camminare.
Costruiamo insieme la più bella scenografia,
fatta di abbracci colorati,
un girotondo senza tempo.
Una sfilata senza costumi
solo tuniche d'Amore.

ANTONIO (1977-2019)

Ultimo soffio di vento.
Il silenzio di una lacrima
veglia sul respiro partorito,
chissà cosa stai vedendo,
le emozioni resistono
in queste ultime ore
prima che inizi l'addio
e il primo ciao al cielo?
Ti scriverei un saluto
perché possa donarlo
agli amati nostri nonni.
Vorrei regalarti un abbraccio
lascerò la finestra aperta,
così che tu possa entrare
quando, anima pura, ascolterai
le nostre preghiere, le lacrime
ed anche il sorriso dei ricordi.
C'è ancora un soffio di vento,
regalalo alla vita e vai in pace.

…Diabolicum est

Lontano, lontano danzano gli atomi
le macromolecole si dissolvono
trasformandosi nel mistero insondabile.
Amo ciò che è magia, e tutta l'immagine
del vecchio canuto che attrae
e poi respinge ad un passo
da ogni possibile rivelazione.
Era il tempo, è il tempo, e sarà
ancora tempo dei domani,
non si distoglie l'attenzione,
io sono te, tu in me, io in noi
voi in noi ed in essi,
la verbalità dell'essere
è l'incipit della autocoscienza,
la tua azione vale quanto la mia
distanza dalla brama delle tue scelte.
Scegliere è abominio, la libertà
è lontana dal divino.

JOANNA

E si resta abbracciati sulle volte
ascensionali, ogni volta senza
essere assuefatti dalla noia.
Lì dove sai tu, c'è il luogo
senza asfalti, senza labbra
parallele, lì dove sai tu,
dove ti ho sempre portato
c'è un filo dorato combinato
tra la luce e buio,
nella notte di ogni notte,
dove ci incontriamo.
Io e te, nel tempo, siamo
l'ossimoro della presenza.

MAJAKOVSKIJ

Era l'uomo buono, un po' di tutti,
era, del resto, la vera voce
di una storia replicata avvilente.
Fu l'uomo buono, il folle poeta
senza muffa sulla lingua.
Morfologia di stile generata
non creata prima di lui.
Irruppe tra i tuguri profondi,
portò l'inferno sulla terra.
Da qui posso donarti
con la presente i miei omaggi,
senza parole artefatte, nude e crude,
come crudo e denudato fu l'addio.

DEDALUS

Mi vuoi bene?
Gli chiesi un giorno,
No, io ti amo, rispose!
Se non mi avesse amato
dove sarebbe il mio corpo?
Forse a giacere nel ligneo
rifugio dell'ultima ora?
Grazie alla vita oggi
eccomi a vivere.

KRISTOS

Processioni di Anime
seguitavano la statua
del dolore, chiedendo grazia,
volti assenti oltraggiavano,
chiodi arrugginiti della croce
senza spirito.
Attaccati al nero vessillo della Vergine
domandavano l'archè dei loro peccati
ma nessuno imputava il proprio nome.
Uno zebedeo, disilluso
dal calice della santa cena,
staccò la sua mano
gridandogli di andare
tra la gente, ma gli occhi
dormienti non possono capire
che il Cristo era già lì.

ALEXANDER (7)

Accadeva un anno fa,
lente sembravano le ore,
una attesa ansimata da tempo,
sì, un anno fa, il filo di seta,
e antica magia, cucirono la vita
sulla vita stessa.
Piansi, era arrivata la gioia.
Un giorno saprai, che oggi è,
l'anniversario della resurrezione.
Capirai anche di essere,
tra moltitudini assenti,
il costante esser-ci
del mio percorso.
Quando la notte al cielo
offrirai i tuoi pensieri,
per qualcuno sei
fotosintesi alchemica.

Universi paralleli

Si svegliano sulle pendici
passati sorrisi di presenze
degli universi paralleli.
Qui si gioca al concluso
ma lì ancora si continua,
ho contato le monete
ed i singhiozzi di megere
falsate come conifere di plastica.
Giunta era l'ora, le 20:45,
erano trascorse due ore
dal mio sonno terrestre,
apro gli occhi alle 04:50,
ho abbracciato la chiave
di quella porta, dove puntuali
ogni notte varchiamo l'uscio.
Lasciamo su queste strade
l'illusione ai mendicanti di fama,
l'apoteosi l'abbiamo raggiunta.
Suona la campana del bacio,
io e te, uniti da sempre.

Spettacolo

Durante la notte
rompo la clessidra
non c'è linea temporale
rivedo tutto il vissuto
le eclettiche vicende
del giorno ispirano
a scrivere atti comici.
La tragedia diviene farsa
i punti si trasformano
in virgole accennate,
le parentesi tonde
diventano gibbose
calanti e levanti.
E poi una risata
mi desta all'alba
indosseremo le maschere
secondo il ruolo.
Non capisco qualcosa...
Siamo nati nudi
ed alle conferenze
per la vita andiamo
in giacca e cravatta.
Quante cose abbiamo
ancora da capire.

Senza Imperativi

Non porre imperativi
alle sensazioni da vivere,
sei tu nessuna orbita
attorno al mio lembo vitale
custodito nel breviario
delle devozioni notturne.
Non guardare gli esercizi
da compiere sulla fronte
del tempo e dello spazio.
Dove è la tua anima?
Quali sono le braccia
che cingono toraci
e che sussurrano: sei unico?
In te si compie dramma e farsa,
se hai benedetto non odiare,
se sei indifferente, la tua genetica
è aberrazione, esisti ma non sai.
Ho conosciuto il mio demone
attraverso le tue secche fauci,
in tempo a salvarlo.

ALQUIMIA (DEDALUS UND ALEXANDER)

Te escondo en la obra
con las marcas de alquimia,
no imagino mas que la nada,
vacuedad que nos une
me percato que somos
un reflejo del todo
imágenes que juegan
a ser individuos únicos.
Mientras haya tiempo en vida
en el cosmos ya está cumplido.

ALCHIMIA (DEDALUS UND ALEXANDER)

Ti nascondo nell'opera
con tracce alchemiche
immagino il nulla,
vacuità che unisce
mi accorgo che siamo
riflesso del tutto,
immagini che giocano
ad essere singoli individui.
Finché in vita c'è tempo,
nel cosmo tutto è compiuto.

Segreto di luna

Se questa luna
potesse rivelare
il mio segreto
potresti leggere
pensieri senza virgole.
Non vedi le nuvole?
Ma la luce strappa
tutte le ombre fameliche.
Tu, Luna, stai nel silenzio
e mentre ti osservo
sorridi, sapendo già
che il volgere dei giorni
non ti lascerà scivolare
da questo mio fianco.
Ti compiaci ancora
di chi davanti a te
riesce a sentire
frammenti eterni,
sostanza d'amore.

ALEXANDER (8)

Sospeso il fiato
decade la speculazione,
ti vedo senza perché
ti venero dal punto
del mio petto in asse
alla placenta del cosmo,
chi siamo noi
così austeri ed egoici?
Un giorno passerò da te
prima della eterna dissolvenza.

GENESI

È il pianeta di nessuno,
Adamo ed Eva
una invenzione giustificata
per uccidere la loro provenienza.
Annunaki ed Elohim chi furono?
Siamo davvero figli della luce
oppure creati da un Dio minore
troppo umano per amare la vita?
Non ho più parole da inventare
vorrei vocaboli mentali
per creare emozioni
che si susseguono nell'anima.
Amo troppo la vita
non accetto generi per classi.
Siamo Uomini?
Siamo Donne?
No, nulla di questo.
Androgini incancreniti dalle regole,
misantropi cannibali alla ricerca
di prede da definire.
E se adesso uscissi
con scarpe da ginnastica
ed una gonna merlettata
mano nella mano con la mia donna?
Forgerebbero chiodi per la crocifissione.
E tu fino a che punto sei libero?
Fino a dove ti sei liberato?
Rispondimi con coraggio.

Qoèlet

Quanto fumo si divora sotto i cieli
impazzano corse sulle scie
fino a credere di tirare l'etere.
Come un uncinetto sottile
il tempo intreccia fili e
tra gli spazi passa fumo.
È la strada su cui scivola
ogni singolo essere
che posa sulla terra.
Amal[1], Amal, canta il saggio
seduto col suo sorriso
sotto l'ulivo trionfante.
Un passante curioso siede
alla destra del vecchio saggio
e chiede perché sia lì
fermo a sorridere degli umani.
Egli rispose: Vanità delle vanità
tutto è vanità, ho vissuto
come voi, cercando il senso.
Ho ritrovato il mio spirito.
Non ti affannare sotto il sole,
non correre dietro le cose
Dio toglie, restituisce, a Lui
darai l'ultima goccia di sangue.
Ho accolto Dio del Cosmo
a lui darò la scienza di ogni
mio silenzio.

Vanitas Vanitatum
et Omnia Vanitas.

---

[1]Amal=vocabolo ebraico, Affanno.

Puro scandalo di Dedalus

Ho baciato morbide montagne,
ho esplorato versanti sinformi
gli occhi godevano dello spettacolo.
Lento scendeva dal cratere
il respiro, lì, sopra dove si insinua
il sole oltre i veli
dell'antico pudore.
Dal crepuscolo del vespro
alle laudi mattutine
ho gustato l'ossimoro silente,
gelido fuoco, rovente pioggia.
Mute audizioni saporavano
la bianca brina sgocciolata
sulla bruma distesa.
Afferrai le tonde cime
esclamando: Amore!

Saccenza

Questa ora sbrandella
astanti sensazioni
il surreale diviene reale
e parla l'amico
sussurra l'amico
dell'amico, che
senza vedermi mi conosce.
Parole come al microonde
scaldate all'istante.
E poi che succede?
Chi sta in silenzio di farsa
generando saccenza.
Si parla da veggenti
da empatici sensazionisti.
La poesia è altro.
E tu parla ancora
vomita parole
il mio silenzio è gioco,
perché tu sappia niente
ti lascio vocaboli
senza logos.

RIFLESSIONE

Che vita è questa?
Domanda associata
a risposte che chiedono.
Che vita è ubriacarsi
per restare assonnati
per tacere il pensare?
Immacolate libidini
deliri di finta santità.
Che vita è essere puttane
desiderate e gettate?
Io sono luce ed ombra,
tempesta e incubo
guerra e pace
gioia e dolore
lacrime e sorrisi.
Amo rincorrere e lasciare
e poi ancora rincorrere.
Ho vissuto come voi
provate ad indossare
il mio cuore e l'ansimante
respiro delle attese.
Vuoi provare?
Chissà se riusciresti
a sopravvivere.
La mia vita è strada
per pochi.
Venite con me
e poi giudicate.

In viaggio

Accadeva sempre di estate
suonavo il clavicembalo
l'aereo volava
tra le pendici
di sparse nuvole.
Distonia del progresso
da una parte la genesi
in-genua, da capo riga
l'asfissia dei marchingegni,
vergini con le gonne
dall'ombelico al diaframma
uomini squadrarti
sotto pomate antirughe.
Appuntamenti ad ore stabilite,
vecchie lettere stropicciate
degli avi che si dichiaravano
alle promesse spose.
Vecchi seduti per terra
con la pelle color fumo
giovani emancipati
intelligenti ed istruiti
da cocaina.
Molti giovani non vedranno
il feretro
degli anziani di terra.
Ecco la bellezza del progresso
una fottuta libertà.
Scusate adesso, vado

con carta e penna
a scrivere la mia genesi
seduto su una poltrona
di un treno disprezzato
dai sobborghi borghesi.

ORA MISTICA

Svegliato ancora una volta
alle ore tre, puntuali.
Sentivo il respiro
lento dell'alba
avvicinarsi alla fine
di questa altra notte.
Un sogno si sbiadisce
mentre sorseggio
caffè della trascorsa sera.
Suona la campana
le tre in punto,
antecedenti di nove ore
la perpendicolare dello zenit.
Questa è l'ora di arcani
messaggi, attenzione ai segni,
questa è l'ora delle missive
degli universi paralleli.

DICIANNOVESIMA EGLOGA FINE IN LAETITIA

Sono mare in burrasca
in attesa di sponde
dove fare riposare
le mie acque.

Sei mare in burrasca?
Sei un folle vento
in attesa del soffio.
Sono vento del sud
che profuma,
che sradica
avvolge e sfinisce.

Sei la Dea del mio Arem
cosparsa su me,
bianco profumo
origine di vita.

Sono la Dea
ma non dell'Arem
dell'Olimpo.

Sono una nessuna
centomila
sono l'ambrosia.
Ambrosia su me
sparsa a dosi,
domani una candela
Zeus sarà il celebrante.

MALOCCHIO

Ho abituato le viscere
a digerire il malocchio,
non ho bisogno di stanze
di vecchi fattucchieri.
Ho mangiato il diaframma
di una vocale privativa,
il "non" è stato
una effimera luce
per negare ancora
la fisica quantistica.
Il cosmo è un imbuto
la molla è l'esperienza,
ma siamo così piccoli
da non poter pensare
all'altitudine ed alla visione.
Mi assento dai documentari
in onda il sabato sera,
svolti attorno al desco,
tutto sommato il tema è:
Sesso, gozzoviglio e burraco.
Se questa è libertà
preferisco la legge morale.

ZUZURIEL

Le colombe di Zuzuriel
erano piccole fantasie
beccavano sui tarli
della demiurgica memoria
era un semplice gioco,
per risvegliare ricordi
quasi in semisonno.
Perché dimenticare?
Zuzuriel guardava gli uomini
ed annuiva con socratica ironia.
Smemorarsi non è genetica
delle sue colombe,
mentre c'è chi crede
che il viaggio sia avanti,
lui si diverte nella giostra
del magnifico universo.

PREGHIERA

Questa mattina ho avuto voglia di pregare,
non c'è una ora definita
cosi come Dio è eterno
le parole eternamente vivono.
Ho sentito il grazie uscire
da un sogno strano,
azioni tutte in fila
in attesa non so di che.
Un sogno erotico, nell'etere
si risvegliava dalla memoria
fino a toccare ricordi.
Vomitavo bottoni
le asole lì, uno ad uno
predisposte dalla vita.
Maddalena tendeva la mano
ed io ho ricambiato con un bacio.
Ho gustato una preghiera intima
troppo intima quasi non proferibile.
C'era ancora Maddalena ad osservare
quel baule pieno di righe narrate
mi esortava a credere
che tutto è ancora lì
e Dio non sbaglia
né depenna nessuna mappa.

DESTINO

Non spuntare l'apice
del diamante che scavo
con l'ago dei ricordi.
Cerco di tornare
alla origine del carbonio
prima che divenisse cenere
dopo che divenne brillante.
Si, speculo tra i due effetti
per pensare al primo ciao,
raccolgo il riflesso dei sette
colori, dove tono su tono
tutta la storia di noi
è già stata scritta,
non dichiaro la conclusione
sarà un lampo improvviso.

A-MORS

Cosa sono i poeti?
Chi sono i poeti?
Giulietta di Parigi
(Juliette Greco)
diceva che sono
dei bambini importanti.
Non lo so ancora,
non ho scienza di misura
vivo di immagini dirette,
forse sono cavallucci marini
che s'annodano le code
per non disperdersi,
oppure Aquile maestose
che incontrandosi
restano fino all'ultimo volo.
Oppure Lupi, uniti
fino all'ultimo ululato.
Non so nulla della poesia,
mi invade con una morsa
anteceduta da un'alfa,
privazione di morte
con radici in una stella.

ALEXANDER (9)

L'abbraccio è la corda
dei labirinti dell'anima.
Io e te siamo li
tra i mondi sottili,
un punto amorfo
nelle esplosioni
di forme iperboliche.
Tu ed io una traccia
infinita nel passaggio
dal finito carnale
alla fusione del non tempo.
Una scienza scoperta
da noi che ogni
circostanza sparisce.
Io e TU assonanza
senza proferire parola
professione di fede
primordiale pneuma.

ALEXANDER (10)

Sei l'immagine di un arco
che unisce il cielo dei tuoi occhi
all'istante infinito di una speranza.
Sei, tu sei la forza lunare,
la marea delle mie arterie
sbatte irruenta sui miei sogni.
Tu, il mio dire segreto
la mano che abbraccia
la notte un cuscino
mentre in petto
il tuo nome è litania
di parole antiche,
conoscibile a chi è entrato
nel luogo segreto
del mistero della sapienza.

MORIRE AMANDO

Non chiedete come sia successo
non c'è bisogno di sapere,
in qualunque modo arriva
a quel punto si consegnerà
tutto alla vita.
Azioni omissioni di opere
inganni astuzie e diverbi.
La vita si riprende tutto
lasciando a Dio ogni parola.
Non dite: che è successo?!
È un turno,
è l'attesa
nel frattempo ci si conceda all'Amore...
Che ci si pensi ogni giorno...

MORIR AMANDO

No pregunten cómo sucedió
no hay necesidad de saber de
cualquier modo llega
en tal punto se entregará todo
a la vida.
Acciones omisiones de obras
engaños, astucias y altercados.
La vida se lleva todo
dejando a Dios cada palabra.
No digan: "¿Qué sucedió?"
Es un turno,
es la espera
mientras tanto que se nos conceda
al Amor...
Que se piense en él todos los días...

SORPRENDIMI

Sorprendimi come nasce l'amore
tra idrogeno e ossigeno.
Ti comprendo come la carezza
delle acque alla spiaggia
in eterno movimento
senza che cambino direzione.
Il vento cesella un albero
fecondato dalla terra.
Costruiamo l'espansione
nella radice quadrata del sette.
Unici, e indivisibile pronome.

ALEXANDER (11)

Ti mando una particella
composta da numero pari,
una coppia di Quark
fondamento di alchimia
subatomica.
Si ecco, la particella
che parla di te,
che tu possa sentire
l'invisibile movimento,
di ogni elemento di vita.
Il mistero del gluone,
colore impercettibile,
unisce due anime,
Io e te, cattedrale d'atomo.

ALEXANDERDEDALUS

Sei il pensiero
che si rimbocca la notte
espandendo il respiro
che diventa calore.
Sei il mio pensiero
la mia oasi
un reale miraggio
di diamanti a vive
gocce, che dissetano
la brama di viverti.

ALEXANDER (12)

Noi che amiamo le ultime ore
della notte, e gustiamo
il ricordo del giorno trascorso,
sappiamo baciare l'alba
con la passione della speranza,
noi che spesso la notte
facciamo l'amore con la vita
carezzandone la carne baciandone
anche ogni piccola cicatrice,
non ci lasciamo spaccare
dal vissuto che ha scorticato
la membrana protettiva della pelle.
Amiamo la notte, perché
alle prime ore dell'alba
le muse, anche quelle puttane,
arrivano a noi chiedendoci
attimi di metafisica intimità.

(A **D. Dell'Anno**)

Scelto dall'incominciamento
delle pargole esplorazioni,
adesso ecco la platea
lì tu, ed il plauso del palco,
in fondo uno spettatore
non si avvicina,
finita la scena, si inchina
e va via, nuovi fogli
lo attendono per regalarti
parole semplici, senza stile,
attinte dalla gioia dello spirito.

NUOTANDO

Hai toccato il fondo di Ruach,
negli abissi la memoria
ti richiama alla eterna immersione
il tuo specchio è nei fondali
tra il primo ed il settimo giorno.
Hai preso lo spirito che ha creato
il respiro del primordio arcaico.
Lo hai donato alla vita,
non importa del mondo cieco,
le tue stagioni sono lì.
Tra idrogeno ed ossigeno,
due fiamme che compiono
il grande miracolo.

E ti vedevo volare con i baci
della brezza del mare
in continuo movimento,
quei baci, che prendiamo
dalla vita e poi fuggiamo,
dalle possibili gioie
rintanandoci nei silenzi,
ma il LA del diapason
vibrava sulle punte
dei passi da dove
si coglie del creato
l'unica bellezza.
Ti ho visto sposare
l'orizzonte, ho baciato
la tua impronta, perfetta
simmetria tra il cielo
e gli antichi sassi del mondo.
Non avrei osato sfiorarti
ho chiesto perdono,
forse le anime si sono accordate
sulle note ancora sconosciute.

WAGNER-NIETZSCHE

Desideravo andarmene da lì,
una notte pregai verso i giardini
del segreto dei Nibelunghi,
si fuse il ferro nel mio petto,
perché sopportassi il cammino.
Il nano Alberico mi avvolse
con il magico mantello,
ero divenuto invisibile,
tale rimasi, era il mio desiderio.
L'epica Norrena la vissi in dignità,
le masse di Crimilde e Brunilde
sbranarono i miei muscoli,
ma era tutto ferro sciolto,
che ingoiato, divenne solido.
Non ci fu nessun Sigfrido immolato,
la cavalcata delle Valchirie
terminò con la sinfonia Wagneriana,
i vincenti apparenti, somigliano al vocabolo
"ormai", ma, il mondo non sa, che il "mai più",
esiste nelle loro minuscole percezioni.
Noi, che siamo spesso andati in guerra,
conosciamo il sapido sale della terra,
ed il calore confortevole delle urine.
A noi piacciono le cicatrici, sono
borchie per spiare Dio.

FORZA

Non sarò quiete e pace,
sono la tempesta che irrompe
nella opaca frenesia sterile,
sono il canto della follia.
Sono il romanzo di poche pagine,
l'incomprensibile parola del corpo.
Sono il sorriso dell'impeto
che distrugge e urge nuovi scenari.
Sono il tuo tormento la mia inquietudine,
sono la gioia quotidiana che oltrepassa
i ritmi monotoni e annoianti.
Sono nell'esserci di un esercizio
di puro logaritmo che insorgendo
da sé, insorge nel sé di chi,
pur volendoti dimenticare
con la fusione della massa,
nella notte cerca
quel vento che dal pianeta
ai cieli,
ti ha spinto alla vita,
ti porterai quel ricordo
tra i vicoli più accesi.
Ricorderai la tempesta
che cercherai di raggiungere.

Aspirina

Il salice nella sua posa,
nelle arterie scorre
liscio sangue.

ALEXANDER (13)

Erano le ore,
forse di piano sagittale,
delineati nell'angolo misurato,
guardavamo il tempo che ci restringe.
Fummo coperti da mobili meridiani,
sognavamo la dismisura dello spazio.
L'eternità ci ha risvegliati.
Erano le ore che passano,
non sprechiamo il respiro
che appanna il quadrante,
stiamo passando confusi
assenti dalla persuasione.

ALEXANDER (14)

Entro tra le pause delle tue mani,
le dita sono spazio delle carezze.
Le mie parole diventano pausa,
il silenzio parla sopra la tua voce,
che assolvo nel torace
guardo il cielo verso sud
due azzurre stelle stanotte
saranno la luce di Rionero.
Entra nella feritoia della anima,
leggi tutto ciò che scrive il cosmo
ascendi dalla fusione dei pensieri
con un mondo che declina le apparenze
in sillabe che ostentano il momento!
Continuo ad assaporare carezze
ancora nell'embrione di luce,
distendo il mio corpo, ti penso.

PIANGENDO A ROMA

Al chiaro di luna
un valzer bohémienne,
il poeta che sogna
suona il pianista,
il tocco di tasti
rimbomba l'antica
magia, forse derisa.
Non una legge
d'articoli smerigliati
cadenzati da stili
borghesi al passo
del vizio più figurato.
Sopra l'argilla di questa
maestà senza troni,
bevo una tisana,
acqua calda e chiaro di luna.
Un calore bohémienne,
eccomi seduto su un gradino
rido, rido alla vita.
Una tisana al chiaro di luna?
Oh, perdonatemi, ho solo
sovvertito il punto di vista.
Dal basso guardo
le vostre altezze,
un ritmo a colpi di frusta.
Scusate, io sono Bohémienne,
non subisco linciaggi.
Respiro la libertà
a lume di candela.

ANSIMO!

Ansimo!
Guardare il tuo profumo,
ardore, Eros crea nello spazio,
lo accolgo nel dolore,
saggio m'assaggia nel movimento.
Uno spazio di fiamme
placato della tua presenza.
Scendono gocce dalla foce,
è l'anima che parla,
un silenzio aureo
che trasmuta vocaboli,
Eros ascende, resta
il suolo della trascorrenza.
Le cinque fasi sono passate,
il germe è divenuto seme.

VIOLA

Ho accarezzato il tuo ventre,
un frutto quasi maturo,
guardammo il naufragio
trascorso attraverso gli occhi.
Susseguirsi di respiri,
una attesa passata.
Mentre mi assorbivo in te
la tua voce sul mio corpo.
Il viso chiaroscuro
svaniva piano piano,
arrivai sul treno
salutando tutti,
la bocca della nostalgia
raccontava di te.
È stato solo un sogno,
dal quale compresi
che non ti ho dimenticata.

PENSIERO

Quel canto che ascolto
durante il passo della notte,
due note a quattro braccia,
che s'urtano lente e delicate.
Un tocco dopo l'altro,
fioco sottofondo al riparo
da occhi puntati e instabili.
La fine segna il prosieguo.
Tutto rimane nel mutarsi eterno.

A: Caro mio, la poesia è per tutti, ma non di tutti.

B: Ma tutti hanno un'Anima.

A: Questo è il tuo errore, credere che tutti sappiano parlarci, ed abbiano il coraggio di raccontarla.

B: ????...Ma tutti hanno una intelligenza.

A: Sì, è vero, ma intelligenza per la massa significa: Un buon lavoro, una bella casa, una bella auto, un marito/moglie, un'/un amante...

B: Ma cosa c'entrano le contingenze?

A: Ragazzo mio, svegliati, vivi nel mondo, ma non cercare di fare capire cosa sia un'anima, la confusione tra intelligenza, destino/fortuna è un dato di fatto. Nessuno sceglie il dolore, la gioia, la ricchezza, i poeti vivono e raccontano, amano e si dichiarano. Non sforzarti troppo, chi ti ama è già al tuo fianco, i poeti camminano due passi indietro dalla loro anima.

B: ????

A: Non guardarmi così, lascia che sia e vedrai, il tempo, il tempo passa...

POIEIN

Ci sarai domani
con i tuoi pungoli
didascalici e indicativi?
È l'ora di terminare
il susseguirsi delle finzioni,
siamo abituati su tavole
di petali e profumi
assortiti in laboratorio.
È l'ora di raccogliere le rose,
senza fare attenzione alle spine,
è tempo di creare argini d'amore,
senza esondare in sentimenti
a breve termine, è l'ora, è
sempre l'ora, purché siano
rintocchi a tempo.
È sempre l'ora, e non si perda
il senso temporaneo della vita,
non giochiamo l'asso di cuori,
che una felicità non abbia base
sul dorso di un animo umano.
Ogni cosa ha un tempo,
e tu poesia, pungimi,
invadimi, inseguimi,
che tutto divenga gentile.

ORMAI?

La novella, apografa,
si leggeva in libertà,
c'erano dei sottotitoli,
il testo era ufficiale
il significato mai chiesto.
Nessun coraggio osava
domandarsi "Perché?",
troppo terrore della scienza
dell'aurea in cammino.
Comprendeva tutto, ma
le esegesi furono molte,
ed ogni giorno indossava
un foglio scritto a violento
inchiostro, dal sapore di ruggine.
Venne l'atteso giorno,
i fogli furono bruciati
davanti al tempio.
non era apografa la novella,
era soltanto momentanea
volontà, di rivelarsi sotto la luna
sull'asse predisposto dall'universo.
Fu abolito il palazzo dell'"Ormai".

LE MUSE ED I TEOREMI

Le muse scavalcano
i teoremi della fantasia,
e sopra una goccia
scrivono la storia
immaginando quella casa,
dove un tempo abitava
la prima prostituta del paese.
Il padrone la amava
più dell'anima dei suoi occhi,
perché lei era il sacro vedere.
Quella prostituta donava
momentaneo piacere
agli uomini che non hanno
capito che amare e servire
non sono istanti divisi.
Amare è servirsi dei ricordi
che reciproci, si alternano
tra l'esserci ed il divenire.
L'amore di una puttana
lo troverai sempre lì, nel fianco
dove nessuno può annodare a sé
quella caviglia che a lei appartiene.

Sfumature di Dedalus

Ti sussurro gocce di colori sulle orecchie,
mi avvolga la presenza delle cromatiche dimensioni,
ti accendi in me sulle scie rosso porpora
e ti addormenti in abbracci giallo primavera,
e poi svegli scivoliamo dall'arco in cielo,
fino agli olezzi della terra,
amo le sfumature di Dedalus,
dalla sua cera l'uomo ha toccato i cieli.

Troverai... me...

Ma tu hai visto come ci guarda la luna e la sua aurea
ci lega perché non ci separiamo? Ed io devo baciarti
sul collo dove scivola il tuo respiro amoroso, voluto
dalla vita. Gli spigoli della follia si fanno armi a dife-
sa delle nostre intime lenzuola. Senti come entro lieve
e deciso nell'anima e tu devoto mi accogli? Le mie
braccia, arbusti dove ti riparo dalle piogge e tu trove-
rai casa nella mia forza.

Il rifugio

Nel rifugio dei poeti
un po' di colore
del Natale, evochiamo
ricordi senza un granello di pietà.
A Natale si diventa più buoni?
No, indossiamo la maschera
degli insaziabili di spreco.
Il Natale è la memoria,
ma l'imperativo DIMENTICA
è un ventre partoriente.
Io amo la memoria,
io sono ricordo
tra il trascorso ed il divenire.

DEDALUS INTREPIDE ALI

Tu bruci sulla pelle
come freddo,
nelle piene ore di estate.
Sei il dispetto della mia pace
la stesura di un poema
senza che riesca a spiegare
tutti i notturni sussulti

Sei l'invidia del dolore
che non trova fertile terreno.
In silenzio io e te
modelliamo sogni, speranze,
pianto,
e poi si conclude l'opera
con la grande risata senza
bisogno di argilla.

Siamo l'inizio del verbo essere
con l'esclusione dei plurali
che includono l'alterità
di cui non c'è bisogno
del consenso e del dissenso.
Noi, intrepido fuoco
su distese di ghiaccio
pronte a divenire cielo.

ABAT-JOUR

Non dire di no oggi,
pulirò la stanchezza
del tuo corpo
con la mia lingua
lasciando la mia impronta
sui tuoi capezzoli
già sfiorati dalle notturne
illusioni vissute su uno
sconosciuto sedile.
Dai, non dirmi che non vuoi
che asciughi la marea
dalla tua fronte
e che non vuoi essere
regina quale sei, sul mio trono.
Irrorami di quelle schegge amorose
che solo a me potrai dedicare.
Accendiamo la notte,
la nostra notte dietro
una finestra e la luce
d'abat-jour e mentre indosserai
un foulard
di baci attorno al tuo collo
ti lascerai guardare.
Dimmi si, e regalerai
un sogno alle mie mani.

AL SIGNOR BILANCIA

Quando mi augurasti di ritrovarmi
cercai la strada per disperdermi,
volli sbrindellare il mio spirito,
lasciando ogni parte sotto alberi
accarezzati durante le mie notti.
Un augurio dato da te è come
un prete davanti la ghigliottina,
tu appartieni ad una diocesi eretica,
che pratica il carnevale del perdono.
Non oltrepassasti i confini
di quei regolati lignaggi,
predicavi la distruzione delle regole,
ma non hai saputo amare
l'anima ribelle di un navigante.
Cento volte mi ritrovai,
altre mille volte mi dispersi,
per rivedermi ancora e ancora
con i piedi tumefatti, e la ricchezza
da ogni esperienza bevuta.

Vocabolo dimenticato

Quante copule senza accenti,
il verbo volutamente dimenticato,
virgole, congiunzioni, ancora virgole,
poi punti, mai l'accento.
La possessione ha dato calci
ai tempi coniugati dell'essere,
forse in un principio lontano,
caduto nell'oblio, È (L'ESSERE) diede
vita alla memoria, scorticata,
dagli attimi, si spezzano
petali di sangue, si insinua il volto
ombrato della rabbia. Non più memoria.
Dove sono le sinagoghe, le chiese,
e le moschee? Perimetri di scontro,
ancora io insisto con il vocabolo Amore.

LA RICERCA DEI CREATORI

Questa sera ho dedicato
la preghiera del vespro
alle discendenze alchemiche,
pregando la volontà creatrice,
e le anime Elohim ed Annunaki,
vorrei conoscere la prole del Graal,
rovistare nella scienza antica,
oggi, bandita ma consultata
con gli occhi bassi e timidi.
La voglia di capire la genesi dell'innesto,
incuriosisce il mio spirito, vagherò
stanotte dentro le foreste,
per incontrare le fate notturne,
vedrò cavalieri lontani, ammantati
col viso bendato di stoffa di seta.
Il sentiero è lì, procederò senza esitare,
Gerusalemme è stata liberata,
la mia preghiera esaudita,
indosserò la mantella.
Bacerò e giurerò la bellezza
rivelata del silenzio divino.
Occorre zittirsi, le invettive
non sveglieranno nessuno.

L' Abuso
(A Mario)

Il lupo affamato di quella notte,
fino a quella ora, per te festa,
aveva già studiato il piano,
per te, piccola creatura, dalle
ciglia docili, senza malizia,
crudeltà sopportata in silenzio.
Mai qualcuno ti avrebbe creduto,
volevo solamente dare giustizia
alle tue notti insonni quando
stringevi la mia mano alla tua.
Ancora cerchi il filo per cucire
l'infame ferita inferta dalla bestia,
coperte notturne sconosciute
dove scavi per trovare pace.
I tuoi sguardi sono parole,
no, non puoi mentire a me,
i lembi del tuo sorriso, forzature
che bramano di rompere la memoria.
C'ero io vicino a te, solamente io,
ma non capisti mai, che per la tua gioia
avrei dato a Dio la mia vita.

Andiamo in paradiso, dall'inferno

Ti piovea l'indagine della vita?
Te lo chiesi senza pretesa,
non volevo la risposta
antitetica allo scrutare.
Guardavi la tela, sipario
avanti ogni linguaggio,
è la suprema escatologia
parola ad veniente.
L'occhio cromatico indaga
prima dell'ingresso,
se vuoi venire in paradiso,
passiamo d'obbligo dagli inferi.

VESUVIO

La quiescenza soffiava trasparente
sostanza fumosa, aria solforosa
c'erano corpi senza alcun sospetto,
la natura tanto madre e devota
alle regole date dal grande cosmo.
Tempi di Plinio il Vecchio: Memoria.
Lui, nonostante il preciso tempo
amando tutti i suoi figli taceva.
La mattina ed ogni sera il saluto,
di ogni passante e forestiero.
Donna Somma, vegliando accanto a lui,
non tardava a preparare il tepore
per nutrire vitigni d'antico coraggio
Forse succederà? Si chiede il passante,
che al mattino alla fatica si reca,
ma tutti i dì, puntualmente, vederlo,
è grazia dello spettacolo della vita,
tutto è mistero, se succederà,
felici di essere
ingoiati da Sua
Maestà Vesuvio.

Vola allodola

L'allodola falciava, con il suo lungo dito,
riflessi affumati di canto, si sono
rotti tutti gli specchi, le sillabe laudanti
non recitano nessun canto adulante.
Cosa è mai la verità che porti in tasca,
forse un riflesso della tua anima?
Non si osano più ipotesi, le tautologie
sono diventate principi assiomatici,
e l'assioma è staccato dal suo contesto,
dimmi, come puoi provare la validità
di una parabola costruita dalla visuale
cui la tua finestra fa da cornice?
La contraddizione è una sedia momentanea,
e la fumata di oppio non può più ingannare
chi ha creduto a parole ruffiane.
L'allodola... L'allodola non ha più specchi
può ancora volare serena.

STRADE

Sono andato a cercarti
dove le ruote non lasciano
sfumature di nero bruciato,
ho calpestato campi sconosciuti,
sulle vertebre ho firmato
tutta la possibile stanchezza,
una panchina in silenzio
mi invitava a sedermi
per aspettare nuovi petali.
Non sapevo come trovare
il sentiero per arrivare
al tempio della Corda bianca.
Se avessi potuto chiedere
non avrei potuto farlo,
troppo incomprensibile
il mio modo della parola.
(così mi dissero).
Alla fine mi sedetti, caddi in sonno,
era il risveglio del navigante,
ritornai a fare l'amore con le stelle.

MAGIA

Sono magia, agisco
per immagini continue,
non ho una bacchetta
ho dieci dita come Tetraktos,
per contarle devi immergerti
nella follia dei miei piedi.
Non ascolto dissensi urbani
non cerco consensi orari.
Raccolgo notturne fioriture
nei momenti diurni amo
l'anonimato di Merlino.
Possiedo guanti bianchi
che indosso dentro il tempio
delle rose e della dorata croce.
Ritorno sempre a guardare
tutte le stelle planetarie
anche se uguali e costanti
scendono negli inferi
per andare in paradiso.
Così è Amare, un moto evolutivo
sempre con la stessa anima.

MANO

Mi sorprende ancora la mano,
linee adiacenti alla natura
manifeste sulla latitudine
della vita, ed il segreto
sposalizio è firmato da una segreta piuma.
Incuriosito entro e percorro
la cronologia di avvenimenti in divenire.
Paura e sorriso gioia e osservazione
si incontrano come segni vitruviani.
Guarda! Guarda come è scesa
dal suo maestoso ramo per baciare
il destino universale, per carezzare singole
desinenze cosmiche. In quella mano...
Chissà... se è stato inciso ancora un abbraccio.

PHANNY ROUGE

Perché ho trovato te
ancora non saprei,
ti ho incontrata sopra
la lacrima di una candela,
c'era il tuo sorriso di cera
dove la bellezza scolpiva,
e ricopriva con il fuoco
la tua anima, privata
dalla malizia della vita.
Non riesco a capire l'intreccio
di questa catena,
e i nodi appaiono e spariscono le trame,
matrici di una giustizia, che arriva.

LETTURA EQUIDISTANTE DEL DESTINO

Mi sono esercitato saltando
le quattro lettere dal punto zero,
iniziai nel mese di Sivan,
dal giorno del primo vagito,
lessi la congiunzione con Tishrì,
dal numero sei al numero dieci
la differenza è di quattro, esattamente
come prevista l'esatta equidistanza.
Al profeta Daniele fu ordinato
il silenzio fino all'arrivo dell'agnello.
Non si poté negare la parola
di Rips e Witztum, così anche lo scettico
Gans dovette spezzare lo scettro confutante.
Non c'è nessuna mano umana
se non dei misteriosi architetti del cosmo
guidati dalla onniscienza di D.O.
Sfoglia in segreto la Torah, e leggiti.

ALEXANDER (15)

Dove nessuno ha mai camminato,
lì proprio in quel luogo senza strade,
ci si incontra durante la notte.
Simboli che intendono l'epifania
del mistero difficile a chiudere
nelle parole che discorrono
sotto al sole mattutino.
Lì, siamo proprio noi
è la mia anima senza percezione
del corpo, ma è nella carne
che il ricordo si fa sentimento
attaccato alle particelle atomiche.
Non si sussegue risentimento
né qualche fiaccola di odio.
Li c'è solo Amore, E' Dio
con tutti i volti della vita.
Aspetto la notte per essere
sempre e ancora lì
dove manca la forma della distinzione,
Uno nel tutto, Teofania della bellezza.
Devo tacere e fingere che nulla accade
il petto però vive ogni goccia senza
dispersione. Oggi ancora penserò
alla lacrima, un sorriso per nasconderla.

Mi accorsi prima di partire

Un giorno mi dissero
che il tormento abitava
negli spazi della mia anima,
ricordo quel convegno
durato tante ore, neanche
un minuto di sosta.
Zitto, ascoltavo le filippiche,
una analisi accurata senza cura
del senso dei vocaboli.
Tutto accadde perché
scrissi su un rigo una frase
forse una speculazione amorosa.
Intontito dalla plateità del vocio
non risposi neanche con un dito.
C'era la psicologa che parlava
agli angeli custodi con sede
dentro al cratere del Vesuvio,
c'era la divorziata assetata
dai giochi di tavolo-verde,
non mancava la zitella
che pagava i giovani brasiliani
ed anche l'abusato col suo maestro
barricato da regole new age.
Credetti di essere dentro al tormento.
Scappai quella Domenica d'Ottobre,
fu la mia salvezza, quel tormento
mal decifrato era il Sentimento
verso la Grande misericordia,
parlavo di Dio e dell'Amore.

L'innocenza di Dedalus

Ti insegnerò a ridere,
ti farò vedere la comicità
della tragedia umana
sul punto convergente
di Apollo e Dionisio,
ti dirò come si impasta
la polvere di grano
e accendere il fuoco
per cuocerla e saziarci.
Ti confiderò il segreto
che non abbiamo bisogno
di case fastose e dorati
campanelli titolati.
Ti porterò con me
a fare un viaggio
restando seduti
a guardare il moto
vario degli astri.
Rideremo per come
abbiamo pianto
mostrandoti lo specchio
della socratica ironia.
E poi costruiremo ali
di ferro per volare
come Dedalo ma
con destinazione sicura.
Andiamo e seguimi
voglio imparare da te.

San Giovanni a Teduccio

Alla stazione tira vento
forse è preludio
della caduta di atomi
aggrovigliati allo stato
solido, che di solito
ritardano come l'attesa
di questo treno.
Un uomo fuma,
tre donne amoreggiano
con il vocale messaggio
che ha strozzato il dialogo
ed ha consumato diottrie.
Nessuno dona parola,
e attoniti aspettiamo
come la notte del santo Natale.
Non c'è più voce, ma attese
sopra attese, cosa si aspetta
a tesa mano?
Non saprei... E guardo
la storia dei binari.

POST-FAZIONE

Ho mangiato fogli
riluttanti al mio inchiostro
con essenza di passione,
sulla poltrona verde guardavo
la gialla candela accesa
fuori il rumore del dissidio
all'interno delle mie pareti
la soffice pace mi sollevava
dall'abitudine umana.
E penso a quante frasi
avrei potuto dare vita, a
quanti domani, però, ho dato inizio.
In silenzio senza che dessi filo
alle parole vane, ho firmato chilometri
di sensazioni trasparenti.
Abbraccio questa ombra
con brama e gelosia.
Son tutti lì a conoscere l'antefatto
ma la postfazione ha un solo autografo.

SORRENTO

Così...! Pensando come la fermata
osservata dai prossimi viandanti,
contando tutto il tempo che sta passando.
Cosa avrebbe da guardare una lanterna
senza l'attesa di una nuova partenza?
Si pensa troppo agli arrivi
negando la forza del cammino.
Le attese creano il disagio
e avviluppano la pazienza
e l'impazienza s'erge sovrana.
Non c'è un solo tram
né un solo treno,
a destinazione si arriva
senza che il cielo dubiti
della esattezza stabilita.
Non abbiate la smania premurosa,
il binario d'arrivo non fugge.
Arriverai senza aver fatto attendere
l'audacia del destino.

CONFESSIONE

Io che di te non so nulla
ho sfidato la strada della parola.
Non conosco il sapore
della tua bocca
neanche l'inizio di una strofa
dei tuoi intrecciati pensieri.
Mi sono lasciato sorpassare
da quella spina trafitta.
Non so neanche quale notte
hai trascorso cercando una mano.
Ho decifrato la fiamma
di una vergine candela
mentre emanava profumo
di lacrime che affondavano
sulla mia pelle lontana.
Non so nulla di te,
la vita mi ha confidato
di essere due gocce
della stessa foglia.

ESTHER

Dove vai Esther
avvolta da scorze
di madreperla degli oceani?
La tua tinta rosso fuoco
è l'anfratto delle tue paure,
tu sei bella, tra la pelle
abbracci la scia di perle
nascoste nel tuo cassetto.
Ti canto una canzone
perché possa asciugare
le rette saline delle gote.
Ballerai con me stanotte,
ed il canto del cigno
sarà preludio di morte
di ogni tuo tormento.

Visioni astrali

Sempre nei miei sogni...
Quella porta, che non riesco a chiudere,
ci sono istanti che
indelebili lasciano scorrere immagini, vedo,
se pure piccoli,
frammenti di vita, osservo i baci del tempo,
e la serena memoria che proietta
al presente il petto che accende la fiamma
di un antico camino.
Vorrei chiuderla, ma il vento dell'uscio ristora la pelle
da quesiti, forse, senza perché.
Attendo, nel frattempo, la tua stanza è nella mia anima.

ABBRACCI

Tra le coste dell'epidermide
sgocciola miele sintetico,
dove sono gli abbracci
che schiacciano il cuore?
Sui corridoi virtuali
si sgranano rosari di sentimenti,
baci e lusinghe a pieno ritmo
danzano sulle balaustre
di finestre virtuali,
si dilatano libidini
senza rumore di umori.
Non c'è più sangue
tra i peli del piacere,
i cristalli liquidi
sono diventati
scarni letti,
non si accendono candele,
le ore dell'attesa stracciate
da vocaboli senza saliva.
Solo miele sintetico,
le api hanno preferito
emigrare sui petali
delle foreste desertiche,
lontano da uomini
senza zolle.

AMA

È ancora presto
per andare a dormire,
per svegliarci dal torpore
di assonnamenti indotti
servono auto-schiaffi spietati.
Siamo una cancrena gassosa
espansa sulla pelle del mondo.
Tutto infettato dall'odio e dai rancori,
dal marciume delle competizioni.
Sappiamo restare a vedere
come nasce un fiore?
Conosciamo il linguaggio
del mare nelle notti di inverno?
Le sedie gestatorie si sono spezzate,
abbiamo perso!
Come faremo a vincere?
Ama.

ESOTERIKOS

Tau-Alef
Canto Tau Alef,
mi piego come Nun,
alla volontà divina,
eccomi come Dalet,
piccolo davanti al creatore,
abbasserò la testa, per entrare
nel regno delle cinquanta porte.
Sul vento del Sinai, ho visto scritto il sigillo
del potente, canterò quattrocento volte all'infinito.
Eccomi Alef.

ENOCH

Vorrei prendere la sapienza di Enoch,
scolpire codici arcaici
sulle tavole di questa era.
Non c'è nessun Noé
a costruire l'arca
né future colombe bianche
a portare ramoscelli di ulivo.
Intanto piove sui territori
di anime gentili e aride,
Enoch è lì
il compito della alleanza
è stato divorato.
Ognuno porta il terrore
del marchio della follia,
agli occhi di questi umani
devi fingere di essere
una copia numerata.
Siamo pane et circenses
il resto arriverà senza preavviso,
quando gli oceani avranno
spezzato le palpebre.

TEMPIO

Quante scale da salire!
Se continui a contarle
non potrai raggiungere
l'ultimo gradino.
Un passo, io e te,
tu ed io mano nella mano,
e ancora altri gradini
raggiunti senza contare,
fino a che non c'eravamo più,
nessuna identità definita,
diventammo Sé,
una coscienza che viaggiò
in due corpi per riconoscersi
una sola anima.
Così si costruisce un amore.

CARAVAGGIO
(A L. MONTANINO)

Angelo notturno.
Non aver paura,
gli angeli non sono
sempre bianchi,
spesso indossano
abiti scuri
per essere invisibili
durante i voli notturni
Sai, nel sonno
dei vostri corpi
vado lì, prendo
emozioni del sottosuolo
e li lego alla tua anima
così che possiate trasformare
tutto l'odio sospeso
ed il rancore seminato.
Nella notte si dichiara
quanto la carne
sia lontana
dalla essenza
dello spirito.
Non temere, stacca
una piuma, quando vorrai,
per scrivere tutto ciò
che fu, e sarà Amore.
Che le funeste voci umane
non siano mai certezze.

MNEMESI

Osservo il bivio plurimo della vita,
ho visto tutto il significato della parola decisione,
quanti sono andati per il sentiero giusto?
Il mio capo non permise che alla sua amata
venissero gettati i sassi, la redenzione sta ad ogni uomo
così come possibilità dell'errore...
Ma, bisogna cadere ancora?
Le antiche opportunità rendile divine.
I vecchi amori lavali con la conoscenza
di tutti i giorni sperimentati.
Tutto ciò che è nuovo accoglilo
senza dire che sia il migliore, troppi i cambiamenti
di pensiero, di idee che si spezzano alla prima opinione.
Un secolo che eccede di maestri, fatevi allievi
se volete le piume cosmiche.
E quando fate l'Amore, non siate il rumore
di una cintura, ma l'ossessione del ricordo.

*Riferimenti evangelici cristiani chi è senza peccato scagli la
prima pietra, la redenzione, il rito della lavanda dei piedi.
Perfino la chiusa finale con la parola ossessione e cintu-
ra mi ricordano il cilicio. Il sostrato è cristiano, richiama
la ritualità religiosa che alla fine diventa pratica ferrea di
espiazione. la forte cesura del MA che introduce la seconda
domanda del retore e del Maestro ci impone la riflessione
dell'umiltà, della consapevolezza che ogni bivio è multiplo
e sempre s'impara. Theo, conosco bene questa tua tensione
verso la ricerca del rispetto. Il rispetto dell'amore.*

Anna Ugolini

CLAUDIA-SIMONE

Il vostro amore adesso è eterno.
Stanotte sulla terra
si canta un requiem,
s'ode un lieve sottofondo,
da dove il tempo non scorre.
A mani giunte attorno
al ricordo, ma i cancelli
del paradiso si aprono
la sposa è giunta e lo sposo
la sua anima accoglie.
Si celebra l'eterno matrimonio,
Claudia e Simone
sposi in eterno.

AMARSI

Da questo notturno silenzio
osservo un avido torpore,
le finestre iniziano a tacere.
L'illusione della libertà
ha morsicato i cervelli.
Basta sbrodolare parole,
prendi il mio giravite
inizia avvitando la bocca.
C'è tempo durante la notte,
arriverò domani nell'ora
della prima colazione,
e bacerò la brezza
della montagna di Venere.

ALEXANDER (16)

Lascia che scendano
sulle fenditure della luce,
i rivoli del mio sudore,
così che possa ascoltare
le partiture del tuo respiro.
Mi frammento nel fluttuare
elettromagnetico per entrare
nella ossatura
dei tuoi spazi oculari.
Non oso proferire parola,
la tua perfezione cade
sulle mie ginocchia,
la matematica del dolore
non ha spazio nel petto,
stringo beatitudini
della immagine del trinomio
della divina scienza,
sul tuo viso, il miracolo.

Mamma

Sei la mia genesi
un libro di fuoco
un canto aurorale.
Sei, sei la Donna
non sottratta al mestiere
di madre.
All'unisono i nostri cuori
pulsano con l'universo.
Ingenua e intuitiva,
stanca a volte
mai arresa agli schiaffi
della vita.
Donna e Madre
con la spada
dalla punta diamantata,
costellazione narrante
di dolori e risalite.
Tu mia madre,
Unica donna a cui
porgo la mia anima.

ALTROVE

Cosa stai guardando?
Forse i tralicci della luna
dove passano binari di
f
 O
   T
     O
       N
         I

dal sole ai crateri proserpinei?
La curiosità non si distingue
dalla intuizione.
Vedo e sento qualcuno
in attesa che la notte
strappando il saio
morda la carne
unta da desertiche passioni.
Lasciami uno spazio di pietra
costruirò una piramide
di lettere esoteriche.

SHANTY

Stasera la luna esprime
parole dimezzate,
l'oscura gibbosa custodisce i segreti del moto.
Marte e Giove si incontrano sopra opposti meridiani.
Sul pianeta terra tutto tace, e forse qualcuno ride
affogando pensieri dentro al bicchiere
di un drink.
Si va e si viene, i marciapiedi esalano
il ricordo delle ore bollenti.
Cosa accade in cielo che non sia in terra?
Poniamo la domanda agli esperti.
La antica scienza è diventata
passatempo delle signore
in cerca di amore.
Fiat Voluntas tua
sicut in cælo et in terra.

XXI SECOLO

E non dite che non è vero, che avvinghiarsi alla materia è una finzione, che le lacrime sono roba da pessimisti.
E non dite che è una menzogna che meglio un viaggio e sostare in monoliti a cinque stelle che una passeggiata in autobus manc nella mano è roba da romantici fuori uso.
E non dite che ogni caso è a sé quando ognuno ripete esattamente le stesse parole dell'altro.
Fremiamo ai messaggi dei social, e vogliamo spazi nostri, ma letti pieni di anime sconosciute.
Preferiamo Buddha a Cristo, ma cosa cambia tra i due maestri?
E non diciamo che non è vero che preferiamo gente che va e viene invece di assaporare lo sguardo di chi brama la nostra presenza.
Signori e Signore, cominciamo a parlare del secolo ventiduesimo perché il ventunesimo è una lama che trita cervelli.
Triste?
No, non dite che tutto è triste,
se persiste piace.

Amen

E sorpassando le fantasie
rivedo l'Amen della creazione.
Trasversale che s'annoda
al canto della vita, e penso
cuori senza oasi che non sanno
il fremito di una goccia di luna
sulla sabbia.
Lilith madre presente, forma
e si trasforma, ma dentro il calice,
pur cambiando sapore, "non muta"
il nutrimento, le ciglia stupite
ancora adesso parlano.
"Eterno mutamento ritorna"
e come si può rinnegare la grazia?
Siamo troppo piccoli per comprendere
l'amore dai famelici ti amo.

YOSEF

Passo spesso sul tuo viso
per raccontarti quanti fazzoletti
ho lavato durante tre stagioni.
Era autunno, poi inverno e primavera.
Ti racconto anche di cascate
di inchiostro che ho lasciato
cadere sulle scarpe degli angeli.
Vedi caro Yosef, ci sono esseri che hanno bisogno
di altrui lacrime per tessere
maglie di felicità.
E mentre morivo ho avuto
il coraggio di non farlo,
ho comprato dei biglietti,
uno per me di sola andata,
l'altro, andata e ritorno lo ho
lasciato sulla scrivania di Dio.
Egli sa i destinatari.

NAIADE

Stanotte incontrerò la Naiade,
mentre il tronco bacerà la riva
gocce di specchio notturno
scenderanno sui miei pensieri,
aspetto questa ora, la sentinella
mi chiama con un riverbero,
in devozione sarò lì, raccontando
le ore scandite spesso noiose.
La continua palingenesi, incuriosisce
il pensiero che non smette di chiedersi.
Non è differita, che accade di giorno,
ma un filo diretto tra le orbite celesti
e la connessione degli elementi terreni.
Che bella Naide, acqua sorgiva
nella forza di Eracle.

KITSUNE

Kitsune esplorava le strade deserte,
le luci soffuse festose
perché l'uomo era assente,
ed il cielo non arrese le emanazioni
del molteplice infinito,
Kitsune senza paura riprese
i misteri del tao senza trasmutazione
per mano di anonime particelle
detti anche uomini.
Quanti danni da questo essere evoluto
che ha inventato gli aerei
e sparato nell'aere l'acre odore
della anonima morte.
Una corsa a smisurata
competizione, paragoni asfittici
procreati dalla inferiorità
e l'assillo mentale di essere
primi tra i primi.
Quale corsa caro uomo?
Guarda Kitsune e le nove code,
a te cosa giova la zizzania?
Caro uomo, ti invito da me
per esercitarci al pentimento.

Kitsune: volpe, (lingua giapponese)

SANDFORD

Nel deserto del Namibia.
Nella terra dei Boscmani è festa,
Sandorf ha iniziato a rifiorire,
come può un deserto generare fiori?
Inizio a sentire il canto di Momonsono,
prima di Hemelvaant Cristo ha seminato,
che scandalo la fioritura in terra assolata,
ma ancora più scandalo è l'uomo
non riesce a guardare
oltre la menzogna
di una umanità piccola,
tra la magnificenza della natura.
Canta Momonsono, il miracolo
è avvenuto sulle dune silenziose.

Boscmani: etnia del Namibia
Sandorf: deserto del Namibia
Momonsono: poeta africano
Hemelvaant: ascensione, vocabolo in lingua afrikans

RINGRAZIAMENTI

Un particolare ringraziamento ai miei amici di Città del Messico, traduttori di "Fotosintesi Itinerante", sperando che questo lavoro, possa essere tradotto anche in spagnolo.
Carlos Chàvez, Rafael H. Aguilar, Mariana Garcìa Aguilar, Marina Riva Lopez,
Luis Alejandro Garcia Noguez.

Al Consejo Nacional de Escritores Independientes di Città del Messico.

Al carissimo professore Calogero La Vecchia, ed al Premio Poesia "Il Parnaso".

Alle delegazioni del ministero della cultura del Daghestan, Repubblica di Crimea, Macedonia, "Premio Ante Poposvki".

Alle sorelle Margherita, Giuseppina, Eleonora Gargiulo, a Raffaella Tesoro.

Ai miei amatissimi amici Antonio e Marco Gargiulo.

A Tommaso Gargiulo ed Alessandro Casadei muse che hanno ispirato questo lavoro.

Alla mia amica di sempre Giovanna Fasano.

A Stefania Russo.

Al mio caro Raffaele Barone.

Alla famiglia Ferone-Annibale.

Al caro amico Alberto Barina.

Al carissimo, Enzo Forleo, con stima e gratitudine.

A Giuseppina Di Noia e famiglia, alla cara Paola Zanette.

Al mio caro amico Mario Bonfanti, ed a Roberto Bitto.

Alla carissima Lorraine Miller, ed alla M.C.C. (Metropolitan Community Church).

Ai miei cari amici, Luigi Donati, Francesco La Vecchia, Guerino Piccione.

Al carissimo Antonello Pinna.

Alla cara Maria Teresa Liuzzo, direttrice de la rivista letteraria "Le Muse".

Alla cara memoria della mia amatissima cugina Rosalia Di Giovanni,
e del mio caro cugino Antonio Pizzo.

A tutti coloro che ho incontrato in questi due anni di cammino.

Alle mie colleghe, ed i miei colleghi, alla cara Preside, conterranea Daniela Denaro.

Ai miei alunni dell'Istituto Comprensivo "Sorrento".

Ai miei amatissimi nipoti: Rosaria, Valeria e Giuseppe Mario.

A te MAMMA, con tutto il mio Amore, il nostro Amore.